At Home
in the City

Mi casa
en la ciudad

Sharon Gordon

Marshall Cavendish
Benchmark
New York

Beep! Beep!

Welcome to the city.

———————❖———————

¡Píiii! ¡Píiii!

Bienvenidos a la ciudad.

The streets are filled with cars.

The sidewalks are filled with people.

Las calles están llenas de carros.

Las aceras están llenas de gente.

City buildings are close together.

The tallest ones are *skyscrapers*.

❖

Los edificios de la ciudad están juntos.

Los más altos se llaman *rascacielos*.

People work in some buildings.

They live in others.

———————◆———————

La gente trabaja en algunos edificios y vive en otros.

My building has many floors.

I ride up an elevator to my home!

❖

Mi edificio tiene muchos pisos.

¡Yo subo a mi casa en ascensor!

Birds make nests on the roof.

People make gardens there, too.

——————◆——————

Los pájaros hacen nidos en el techo.

La gente también hace jardines ahí.

This is my school.

It is close to my home.

---✦---

Esta es mi escuela.

Queda cerca de mi casa.

I go to the park to play.

It is crowded!

Voy a jugar al parque.

¡Está lleno de gente!

Many people come to
my city.

They visit important places.

❖

Mucha gente viene
a mi ciudad.

Visitan los sitios importantes.

They come to eat and shop.

Buses take them all around the city.

———————— ❖ ————————

Vienen a comer y a hacer compras.

Los autobuses los llevan por toda la ciudad.

The trains in the *subway* speed under the streets.

It is hot underground.

❖

Los trenes del *metro* van veloces bajo las calles.

Hace calor en los subterráneos.

Above ground, yellow *cabs* are everywhere!

One takes me to the airport.

❖

En la superficie, hay *taxis* amarillos ¡por todas partes!

Uno me lleva al aeropuerto.

Planes fly in people from all over the world.

Some come to the city to see me!

❖

Los aviones traen gente de todas partes del mundo.

¡Algunos vienen a la ciudad a verme!

City Home

La casa de la ciudad

cabs
taxis

elevator
ascensor

garden
jardín

park
parque

28

skyscrapers
rascacielos

subway
metro

Challenge Words

cabs Cars or vans that take people from place to place for a fee.

elevator A small room that carries people and objects up and down in a building.

skyscrapers The tallest buildings in a city.

subway A railroad that runs under the ground in a city.

Palabras avanzadas

ascensor Un cuarto pequeño que lleva gente y objetos arriba y abajo en un edificio.

metro Una vía férrea que va bajo tierra en una ciudad.

rascacielos Los edificios más altos de una ciudad.

taxis Carros o microbuses que por una tarifa llevan a la gente de sitio en sitio.

29

Index

Page numbers in **boldface** are illustrations.

airport, 24–26, **27**
beep!, 2
bird nests, 12
buildings, 6–10, **7**, **9**, **13**
buses, **3**, 20, **20**
cabs, 24, **25**, **28**
cars, **3**, 4, 24, **25**
close, 6, **7**, **9**, 14
crowds, 4, **5**, 16, **17**
eating, 20
elevator, 10, **11**, **28**
floors, 10
garden, 12, **13**, **28**
park, 16, **17**, **28**
people, 4, **5**, 8, **17**
play, 16
roof, 12, **13**
school, 14, **15**
shopping, 20
sidewalk, 4, **5**
skyscrapers, 6, **7**, **29**
street, **3**, 4
subway trains, 22, **23**, **29**
underground, 22, **23**
visitors, 18–20, **19**, **21**, 26, **27**

Índice

Las páginas indicadas con números en **negrita** tienen ilustraciones.

acera, 4, **5**
aeropuerto, 24–26, **27**
ascensor, 10, **11**, **28**
autobuses, **3**, 20, **20**
calle, **3**, 4
carros, **3**, 4, 24, **25**
cerca, **9**, 14
comer, 20
edificios, 6–10, **7**, **9**, **13**
escuela, 14, **15**
gente, 4, **5**, 8, **17**
hacer compras, 20
jardín/jardines, 12, **13**, **28**
jugar, 16
juntos, 6, **7**
lleno de gente, 4, **5**, 16, **17**
metro, 22, **23**, **29**
nidos de pájaros, 12
parque, 16, **17**, **28**
¡píiii! ¡píiii!, 2
pisos, 10
rascacielos, 6, **7**, **29**
subterráneo, 22, **23**
taxis, 24, **25**, **28**
techo, 12, **13**
visitantes, 18–20, **19**, **21**, 26, **27**

About the Author
Datos biográficos de la autora

Sharon Gordon has written many books for young children. She has always worked as an editor. Sharon and her husband Bruce have three children, Douglas, Katie, and Laura, and one spoiled pooch, Samantha. They live in Midland Park, New Jersey.

Sharon Gordon ha escrito muchos libros para niños. Siempre ha trabajado como editora. Sharon y su esposo Bruce tienen tres niños, Douglas, Katie y Laura, y una perra consentida, Samantha. Viven en Midland Park, Nueva Jersey.

With thanks to Nanci Vargus, Ed.D. and Beth Walker Gambro, reading consultants

Marshall Cavendish Benchmark
99 White Plains Road
Tarrytown, New York 10591-9001
www.marshallcavendish.us

Text Copyright © 2007 by Marshall Cavendish Corporation

Library of Congress Cataloging-in-Publication Data

Gordon, Sharon.
At home in the city = Mi casa en la ciudad / Sharon Gordon. — Bilingual ed.
p. cm. — (Bookworms. At home = Mi casa)
Includes index.
ISBN-13: 978-0-7614-2452-9 (bilingual ed.)
ISBN-10: 0-7614-2452-0 (bilingual ed.)
ISBN-13: 978-0-7614-2372-0 (Spanish edition)
ISBN-10: 0-7614-1960-8 (English edition)

1. Cities and towns—Juvenile literature. 2. City and town life —Juvenile literature. 3. City
dwellers—Juvenile literature. I. Title. II. Title: Mi casa en la ciudad. III. Series: Gordon, Sharon.
Bookworms. At home. IV. Series: Gordon, Sharon. Bookworms. Mi casa.

HT152.G67 2006
307.76—dc22
2006016716

Spanish Translation and Text Composition by Victory Productions, Inc.
www.victoryprd.com

Photo Research by Anne Burns Images

Cover Photo by *Woodfin Camp*/Bernard Boutrit

The photographs in this book are used with permission and through the courtesy of:
Corbis: pp. 1, 3, 7, 9, 29 (left) Alan Schein Photography; p. 11, 28 (upper r.) Angelo Hornak;
p. 13, 28 (lower l.) Annie Griffiths Belt; p. 19 Joseph Sohm/ChromoSohm, Inc.; p. 21 Jerry Arcieri;
p. 23, 29 (right) Reuters; pp. 25, 28 (upper l.) James Leynse. *Woodfin Camp*: p. 5 Chuck Fishman;
p. 17, 28 (lower r.) Bernard Boutrit. *Index Stock Imagery*: p. 15 HIRB; p. 27 Benelux Pres.

Series design by Becky Terhune

Printed in Malaysia
1 3 5 6 4 2